JUSTICE

ET RAISON.

PRIX, 30 CENTIMES.

PARIS,

Chez CORREARD, libraire, Palais-Royal, galerie de Bois.

23 avril 1820.

IMPRIMERIE DE MADAME JEUNEHOMME-CRÉMIÈRE,
RUE HAUTEFEUILLE, n° 20.

JUSTICE

ET RAISON.

I.

En retirant le premier projet de loi sur les élections ,
projet si solennellement annoncé , si longuement médité ,
que l'on avait présenté malgré une opposition si vive, en
substituant à ce projet qui depuis long - temps déjà était
l'objet des travaux de la chambre, un projet nouveau, le
ministère devait justifier sa résolution par de grands motifs,
par de grandes considérations. Ces motifs , ces considérations, le ministère les a fournis.

«Après avoir fait l'apologie du projet qu'il retirait, après
avoir énuméré tous les avantages qui en seraient résulté, le
ministère a reconnu que pour lui donner suite, il fallait
laisser mûrir les idées; qu'il convenait de ménager les
craintes qui se manifestaient de voir toucher, même à
des articles de la charte qui ne sont que réglémentaires,
qui ne tiennent pas à son essence, qui auraient pu ne pas
y être, ou s'y trouver de toute autre manière ; que les
circonstances exigeaient de simplifier beaucoup le projet,

de le remanier, de manière à ôter le prétexte d'atteinte à la Charte ; prétendue atteinte dont les uns s'effraient de bonne foi, dont les autres profitent pour servir leur opposition et leurs vues ; qu'il savait compatir à des répugnances qui, bien que mal fondées, préoccupent un certain nombre d'esprits. Enfin le ministère a dit tout ce qu'il fallait pour faire croire qu'en présentant un nouveau projet de loi, il déférait à l'opinion ; que ce projet, comme il l'a prétendu le lendemain dans son journal, *était un acte de condescendance , une sorte de concession à des scrupules feints ou vrais*. Voilà sans doute un motif fort louable ; il ne s'agit plus que de savoir s'il est vrai : et malheureusement le ministère est venu nous présenter, comme accessoire, un motif qui doit avoir tant d'importance à ses yeux, que l'on se sent tenté d'abord de ne pas en admettre d'autre. »

Ce motif, comme le dit M. de Siméon : « C'est que nous « avons atteint le cinquième mois de la session, que nous « avons à nous occuper encore des lois de finances, dont « l'urgente nécessité s'accroît tous les jours ». Et moi, je rendrai plus clairement encore l'idée de M. Siméon : si le ministère a réduit à 9 articles le projet de loi sur les élections, c'est que neuf articles, quelle que soit l'opposition qu'ils rencontrent, sont bientôt discutés et votés ; que les hommes qui ont *retardé la délibération* sur les lois d'exception, pourraient bien, à la faveur du grand nombre d'articles du premier projet, *retarder* si bien le moment de la délibération, que le temps de la session s'écoulerait, que le 4e cinquième arriverait, et que la voie du salut serait perdue pour le ministère et l'aristocratie. Ce motif naïvement exprimé par M. Siméon, est assez puissant, comme on le voit, pour qu'on puisse se dispenser d'en demander d'autres, pour qu'on se refuse à croire même , que le ministère en ait eu d'autres; et quant à celui qu'il met en première ligne, c'est-à-dire, son respect, *sa condescendance* pour l'opinion, il disparaît entièrement devant un projet qui reproduit tous les dangers que l'opinion avait signalés dans le premier, et qui peut-être même y ajoute encore.

Mais quels qu'aient été les motifs du ministère, *vrais ou feints*, en présentant son nouveau projet, ce n'est pas là le plus important : ce qui importe surtout, c'est le projet en lui-même.

Je vais essayer de démontrer son inconstitutionnalité, les dangers qu'il offre pour la liberté, et l'esprit dans lequel il a été conçu.

En énumérant les avantages qu'on aurait retirés du premier projet, le ministère s'est beaucoup étendu, surtout, sur ce qu'il tendait à établir l'*égalité* des représentations, « en n'abandonnant pas l'élection à la masse totale des « électeurs, composée en majorité de petits contribuables, « portés à exclure les grands propriétaires, qu'une partie « de ceux-ci aurait fait, par délégation, des colléges d'ar- « rondissement, une élection à part qui leur aurait donné « l'espérance de faire représenter leur intérêt ». On serait tenté de croire, d'après les regrets du ministère, que les intérêts de la *grande propriété* ont été sacrifiés dans le nouveau projet, et peut-être le ministère a-t-il calculé que ses regrets produiraient cet effet ; mais pour cela il résulte trop clairement de son projet, que ces *intérêts de la grande propriété* en forment le but principal et peut-être l'unique; que ces intérêts ont présidé à la distribution, à l'harmonie de toute la loi ; qu'enfin le principe et la fin de cette loi, c'est la *grande propriété*.

Qu'est-ce donc que la *grande propriété*?

Je ne sais pas si les petits contribuables sont portés à

n'élire que des petits propriétaires ; mais , ce qu'il y a de certain , c'est que les petits contribuables qui élisent doivent payer 3oo fr. de contributions , c'est que les petits propriétaires qu'ils élisent , doivent en payer 1000 fr. ; ce qu'il y a de certain , c'est que la charte a jugé qu'une contribution de 3oo fr. était une garantie suffisante pour exercer les fonctions d'électeur ; et qu'une contribution de 1000 fr. l'était aussi pour exercer celle de député ; que ces garanties une fois stipulées , elle n'a fait nulle part la distinction de la grande et de la petite propriété. Maintenant, pourquoi le ministère vient-il faire une distinction que la charte n'a point faite ? pourquoi reconnaît - il un intérêt de représentation qu'elle n'a pas reconnu ? pourquoi vient-il exiger des garanties qu'elle n'a point exigées ?

En me renfermant dans l'esprit et dans les termes de la charte, je pourrais avoir assez de force pour repousser les considérations que les ministres présentent en faveur de la grande propriété ; mais je veux bien entrer dans l'examen de leurs motifs.

Les ministres ont-ils cru que la propriété représentée par 6ooo fr. de contributions donnât des intérêts d'une autre nature que la propriété représentée par 1000 fr. ? Ont-ils cru que le *grand propriétaire* dût avoir à un plus haut degré que le contribuable de 1000 fr. l'amour et le besoin de l'ordre et de la liberté ? ils n'ont pas cru cela , sans doute. Ont-ils donc cru que la *grande propriété* fût plus propre à assurer aux députés l'indépendance dans laquelle ils doivent rester vis-à-vis du pouvoir ? mais non, les ministres savent bien que cette indépendance est moins le résultat de l'étendue de la fortune que de la nature de la fortune ; qu'un noble, propriétaire d'un fonds de 2oo,ooo fr. de revenu , peut encore dépendre du pouvoir par les besoins de l'orgueil , par la soif des honneurs, du crédit pour lui et pour les siens ; parce que dans cet état la fortune est moins un but, que le moyen de donner du relief à des titres, à des dignités ; et qu'au contraire un négociant, un manufacturier, dont la fortune est liée à l'industrie, est essentiellement indépendant du pouvoir, puisqu'il ne peut rien en accepter sans compromettre sa propriété, et que le pouvoir ne saurait jamais lui donner l'équivalent de ce qu'il lui ferait perdre. Ce n'est donc pas l'indépendance que les ministres ont eu pour objet dans la *grande propriété*. Sous ce rapport ils auraient dû être pleinement satisfaits des *petits propriétaires* que lui ont amenés les trois dernières élections. Mais le pouvoir ne peut pas vouloir d'indépendance autour de lui ; cela est contraire à sa nature.

Pourtant en favorisant la *grande propriété*, le ministère a eu un but ; mais d'abord qu'est-ce que le ministère ?

Il ne faut pas le chercher dans cette réunion d'hommes qui portent le titre de ministres. Ces hommes n'ont point de volonté propre ; la volonté qui les dirige, réside dans le côté droit de la chambre des députés ; c'est là qu'est le véritable ministère. Ceci simplifie singulièrement la question ; on n'est plus embarrassé de savoir pourquoi le côté droit favorise la *grande propriété* ; il la favorise parce qu'elle est dans les mains des débris de l'ancienne aristocratie qu'il représente. *La grande propriété, les intérêts de la grande propriété* ne sont que des mots dont on se sert pour éviter provisoirement le nom trop impopulaire d'*aristocratie*. Mais effectivement ces mots ne signifient pas autre chose.

L'esprit de la nouvelle loi est aristocratique : cet esprit est donc inconstitutionnel, puisqu'il tend à repousser un élément de la constitution, la démocratie.

La forme de la loi est une conséquence nécessaire de son

esprit ; mais quoi qu'on en ait dit et qu'on en puisse dire , cette forme n'est pas moins inconstitutionnelle que l'esprit qui l'a nécessitée.

M. Siméon a dit : « que la charte ne faisait aucun obstacle « aux deux degrés d'élection ; qu'elle n'a dit qu'une chose « à cet égard, c'est que les électeurs qui concourent à la « nomination des députés ne peuvent avoir droit de suf- « frage, à moins qu'ils ne paient une contribution directe « de 3oo fr. , qu'elle ne s'explique pas sur la manière de « concourir, qu'elle ne dit point si l'élection sera directe « ou indirecte ».

Je conviens que sur ce point , la rédaction de la charte est vague ; mais la charte a-t-elle voulu deux degrés d'élec-tion ? Voilà ce qu'il faut se demander de bonne foi. En procédant ainsi , on se convaincra qu'elle ne les a pas voulus ; car si elle permettait ces deux degrés , il faudrait connaître qu'elle en permet dix ; qu'elle permet de remet-tre le dernier degré à un grand électeur , à un dignitaire de la couronne, pourvu qu'il payât 3oo fr. de contribution ; la charte est aussi restée *muette* à cet égard. Or, si de pareilles conséquences peuvent résulter de son silence , on conçoit qu'il n'est pas permis d'admettre celle que le ministère en voudrait tirer ; mais on a voulu mettre les élections dans les mains de l'aristocratie , il a donc fallu faire ce que l'on a fait , il a donc fallu violer la lettre de la charte comme on en avait violé l'esprit.

Le ministère a beaucoup insisté sur ce que les collèges d'arrondissement renfermeraient les collèges de dépar-tement dans la nécessité d'élire les députés parmi leurs candidats : mais il est facile de prouver que cette néces-sité ne signifie rien ou à peu près.

Le collège d'arrondissement nomme autant de candidats qu'il y a de députés à élire dans le département : que par exemple, dans un département qui doit nommer cinq députés il y ait cinq arrondissemens, voilà vingt-cinq candidats, n'est-il pas évident que sur ce nombre l'aristocratie devra facilement trouver cinq représentans ? mais combien cette évidence n'est-elle pas rendue frappante par la disposition de l'article 4 du projet de loi, qui porte que lorsqu'un candidat sera nommé par plusieurs collèges d'arrondissement, il sera remplacé, dans les collèges où son élection ne comptera pas, par l'éligible qui après lui y avait obtenu le plus de voix?

Cette disposition, comme on le voit clairement, a pour objet de laisser au collège de département où seront concentrés tous les intérêts et toute la force aristocratique, la faculté de choisir entre les candidats de la minorité et ceux de la majorité. D'après cela il demeure prouvé que le premier degré d'élection ne signifie rien; et que le collège de département se trouve à peu près dans la même indépendance que s'il puisait lui-même et sans intermédiaire dans la masse des éligibles.

Cette disposition blesse toutes les règles de la raison et du sens commun.

Dans un collège d'arrondissement dont un candidat se trouvera exclus, parce que dans un autre collège il aura obtenu un plus grand nombre de voix, que deviendront les votes de la majorité qui l'avait nommé? ces votes seront perdus et ceux de la minorité prévaudront. Quelle absurdité ou plutôt quelle mauvaise foi ! Pense t-on que si l'on procédait à une nouvelle élection, le choix de la majorité dût tomber nécessairement sur le candidat qui dans l'ordre des suffrages vient après celui dont l'élection se trouvera nulle? non sans doute : il est à peu près certain au contraire que ce candidat représente une opposition.

Mais les auteurs de la loi savaient tout cela et c'est parce qu'ils le savaient qu'ils l'ont voulu.

Les votes restent publics : le ministère ne pouvait pas abandonner une disposition si profitable et qui devient si efficace sous le règne de l'arbitraire.

J'ai dit au commencement de ce chapitre, qu'un des principaux motifs qui avaient déterminé le ministère à présenter un nouveau projet de loi, avait été, en réduisant le plus possible le nombre de ses articles, d'arriver plus promptement à la délibération. Cette réduction du nombre des articles a encore un autre motif : c'est de faire considérer le nouveau projet, seulement comme une annexe à la loi du 5 février ; de faire croire que ce projet laisse subsister la loi existante, et de la détruire ainsi à la faveur de l'attachement que la nation lui porte.

Mais non-seulement le nouveau projet ministériel bouleverse entièrement, comme le premier, tout le système électoral actuel, il doit avoir encore des effets plus funestes pour la liberté.

II.

Lorsque l'on voit le ministère persévérer depuis deux mois dans le système qu'il a embrassé, il est impossible de croire qu'il n'agit pas de bonne foi. Si les énergiques et éloquentes réclamations de la minorité de la chambre, si les nombreuses pétitions en faveur de la Charte et de la loi des élections, si la résistance qui s'oppose au-dehors à l'exécution des lois provisoires, si le courage des écrivains qui continuent de défendre la liberté, et l'appui que leur prête le public, n'ont fait aucune impression sur l'esprit de nos ministres, c'est qu'ils sont aveuglés. Les terribles et inévitables conséquences de la marche qu'ils suivent, développées et prouvées comme elles l'ont été, auraient frappé tout homme de sang froid, tout homme non intimement convaincu de la pureté de ses intentions, et du succès des moyens qu'il emploie.

L'ambitieux qui, sous prétexte de sauver la monarchie, aurait essayé de s'élever par des lois arbitraires et sous la protection de la faction aristocratique, après les premiers essais de ce déplorable système, aurait reculé devant l'avenir qui s'annonce ; il se serait arrêté devant le vœu national si énergiquement prononcé ; il aurait abdiqué le pouvoir, attendant pour le reprendre des circonstances plus favorables à la réussite de ses projets.

Nos ministres, au contraire, continuent à marcher vers le but que leur indique impérieusement l'aristocratie.

Plusieurs destitutions ont eu lieu, des corps de troupes sont rassemblés autour de Paris, des nombreuses procédures sont commencées contre tous les écrivains qui ont essayé de braver la censure, les agens du pouvoir poursuivent l'exécution des lois exceptionnelles, la censure exercée dans un esprit tout à fait partial, laisse imprimer les menaces, les injures et les cris de vengeance des hommes monarchiques, enfin une loi d'élection se prépare qui, détruisant l'égalité des droits, enlevant la nomination des députés à la majorité des propriétaires, pour la conférer à un petit nombre de gros terriens, c'est-à-dire aux restes de l'ancienne noblesse, nous ramènera infailliblement la chambre introuvable et, par conséquent, le régime de 1815.

Ce régime, nos ministres l'ont eux-mêmes improuvé, M. de Richelieu faisait partie du ministère qui obtint l'ordonnance du 5 septembre, il contresigna l'ordonnance qui destituait M. de Châteaubrillant, pour avoir improuvé la dissolution de la chambre introuvable, et M. Pasquier fut choisi parmi les candidats à la présidence en 1816, pour contenir la minorité de la chambre de 1815. Lorsque je les vois aujourd'hui se précipiter dans une carrière qui les ramène nécessairement au système qu'ils ont proscrit, lorsque je les vois y persévérer , malgré les nombreux avertissemens qu'ils reçoivent, je suis obligé de penser qu'ils ignorent où ils vont , que ce n'est pas l'ambition qui les aveugle, et qu'ils croyent de bonne foi travailler au salut de la monarchie et à l'établissement de la liberté. Ce que je dis ici s'applique à tous , et je n'en excepte pas un ; je suis persuadé qu'ils sont conduits aveuglément par les aristocrates , qui seuls connaissent le but vers lequel ils se dirigent. C'est dans cette hypothèse que je vais raisonner : on a toujours prise sur les hommes qui agissent de bonne-foi.

La noblesse française , dépossédée par la révolution de ses privilèges, cherche aujourd'hui , en attendant mieux, à les remplacer, en usurpant tous les droits politiques , que la Charte accorde à tous citoyens français sans distinction. Le premier moyen, pour arriver à son but, est d'envahir la chambre des députés ; et pour y parvenir , il fallait faire planer la crainte de l'emprisonnement sur toutes les têtes , il fallait réduire au silence tous les écrivains patriotes. Les deux lois d'exceptions lui en ont assuré la facilité. Forte de ces deux armes , elle n'a plus qu'à faire sanctionner une loi qui lui assure exclusivement l'entrée à la chambre ; alors , les honneurs, les pensions, les titres , les dignités ne seront plus distribués qu'aux émigrés , et à leurs amis, les places de l'armée et de l'administration leur seront réservées , et l'on pourra marcher à l'accomplissement d'autres desseins , que l'on ne se donne presque plus la peine de cacher. Les indemnités aux anciens propriétaires de domaines nationaux ont déjà été réclamées, et chacun a compris ce que cela voulait dire ; la loi de recrutement qui assure de l'avancement au mérite et à l'ancienneté , objet des attaques des hommes monarchiques, sera rapportée. Le manifeste du journal des Débats , qui demandait des offices héréditaires dans les conseils municipaux et départementaux , recevra son exécution en faveur des grands propriétaires; c'est-à-dire , des nobles , et la tolérance sera maintenue , comme les missionnaires l'entendent , et les libertés de l'église gallicane sacrifiée au concordat de 1817. Enfin nous verrons arriver cet heureux temps où le pouvoir ne sera plus confié qu'aux honnêtes gens , comme le demandait dernièrement la *Gazette*.

Voilà le but auquel tendent les hommes monarchiques; ils le niaient il y a plusieurs mois, quelques jours de prospérité les ont rendus insolens, aujourd'hui ils ne le dissimulent pas. Mais c'est pour détruire ce régime que la France a fait la révolution, et c'est parce qu'elle promettait de le proscrire , que la Charte fut acceptée avec tant de joie ; c'est pour en arrêter le développement que nos ministres en 1815 ont provoqué l'ordonnance du 5 septembre. Ils en ont, mieux que personne, à cette époque, calculé les terribles conséquences ; ils ont senti, ils ont exprimé le besoin de le proscrire pour sauver la France et la monarchie; et lorsque je vois qu'ils y reviennent aujourd'hui , je ne puis croire que ce soit avec connaissance de cause; ou bien ils ont oublié quelle masse d'intérêts, d'opinions , de sentimens et de préjugés le repoussent aujourd'hui.

Une jeunesse ardente , éclairée et nombreuse , élevée dans la haine du joug nobiliaire et sacerdotal, n'a pas laissé échapper une occasion de manifester ses sentimens.

Les écoles de Rennes , de Toulouse , de Paris , de Grenoble, ont réclamé le maintien de la Charte et de la loi des élections , et dernièrement le pouvoir a éprouvé un échec dans l'accueil qu'elles ont fait à un censeur de choix.

Les Français consentent à servir leur patrie , mais c'est à condition que les places , les honneurs , les richesses seront également distribués entre eux.

Le commerce et l'industrie sentent le besoin de la liberté, ils savent que sans elle il n'est point de prospérité pour eux, et le choix des députés qu'ils ont envoyés à la chambre le prouve suffisamment.

La France entière qui éprouve le même besoin, sait qu'il n'est point de liberté possible, si chaque citoyen , en remplissant les conditions voulues par la loi, ne jouit des droits politiques. Elle sait que ces droits sont illusoires , s'il est permis à la grande propriété, c'est-à-dire aux nobles , d'en surveiller la jouissance. Elle redoute , comme le plus terrible écueil pour sa liberté, le pouvoir et l'influence exorbitans que le parti aristocratique prétend devoir être accordé au clergé. La tolérance des opinions religieuses est un besoin universel. Enfin les acquéreurs des domaines nationaux conçoivent nécessairement de nouvelles alarmes lorsqu'ils voyent tous les pouvoirs remis aux hommes monarchiques quels que puissent être au fond les sentimens de ces derniers.

Et c'est contre de tels obstacles que marche rapidement le ministère , il oublie qu'il va rencontrer dans ses projets une nation tout entière , aguerrie par trentes années de combats , une nation qui avant tout veut jouir de la liberté civile et de l'exercice des droits politiques, une nation qui pour les conquérir a lutté tour à tour contre de puissantes factions et qui les a toutes renversées ; une nation qui frémit au souvenir seulement de 1815 ; une nation qui depuis quatre ans a supporté tant de sacrifices, et n'a reçu que des promesses ; une nation qui réclamait naguère avec

persévérance le maintien de ce qu'elle a obtenu , et l'accomplissement de ce qu'on lui a fait espérer ; une nation
enfin dans le sein de laquelle sont disséminés quinze cent
mille citoyens qui tous ont porté les armes et auxquels on
ne peut opposer que des suisses : non je ne puis le croire,
le ministère n'est pas de mauvaise foi, la faction qui le do-
mine lui cache le but vers lequel elle le pousse , lui dé-
guise les obstacles qu'il doit rencontrer et contre lesquels
elle invoque depuis si long-temps l'appui de l'étranger.

Les jeunes gens de la ville du Mans , au nombre de plus
de cent, avaient signé une pétition pour le maintien de la
loi des élections. Ils viennent d'adresser aux députés dela
Sarthe, une lettre que ceux-ci se sont empressés de com-
muniquer à leurs collègues ; elle est conçue en ces termes :

Le Mans, 7 avril 1820.

Messieurs,

Souffrez qu'enthousiastes de vénération et de recon-
naissance, nous vous offrions l'hommage de notre admira-
tion pour vòtre résistance courageuse dans la lutte où
viennent d'être suspendues les libertés françaises.

Hommages à vous, magnanimes députés! Vous avez pro-
testé contre l'imposture et l'arbitraire. Vos voix éloquentes
ont proclamé l'ignominie de la servitude et le triomphe
des principes libéraux. Hommages éclatans vous soient
rendus !

Ah ! si d'irréconciliables ennemis de la Charte n'avaient pas trompé la religion de son auguste fondateur, les garanties du trône n'auraient pas cessé un instant de s'étayer des droits de la nation. Toutefois, ne désespérons pas du salut de la patrie. Bientôt vos accens énergiques seront entendus de Sa Majesté dont la royale main brisera nos fers pour couronner vos généreux efforts.

Nous avons l'honneur d'être, avec le plus profond respect, etc.

(Suivent les signatures.)